Why? People

인물 탐구학습 만화

Why? People
워런 버핏

Warren Buffett

Why? People

Why? People 워런 버핏
2024년 3월 30일 2판 1쇄 발행

펴낸이 | 나춘호
펴낸곳 | ㈜예림당
등록 | 제2013-000041호
주소 | 서울특별시 성동구 아차산로 153
구매 문의 전화 | 561-9007
팩스 | 562-9007
책 내용 문의 전화 | 3404-9228
http://www.yearim.kr
ISBN 978-89-302-3884-7 74080
ISBN 978-89-302-3700-0 (세트)
ⓒ 2024 예림당 외

|STAFF|
편집 진행 | 그림나무/김영신 허문원
사진 | 이건무
디자인 | 그림나무/박은주 김성민
표지 디자인 | 이보배 표지 그림 | 전승훈
콘텐츠 제휴 | 문하영/박정현
제작 | 신상덕/박경식
마케팅 | 임상호 전훈승

이 책은 저작권법에 따라 보호받는 저작물이므로 무단 전재와 무단 복제를 금합니다. 이 책의 표지 이미지나 내용 일부를 사용하려면 반드시 ㈜예림당의 서면 동의를 받아야 합니다.
⚠ 주의 : 책을 던지거나 떨어뜨리면 다칠 우려가 있으니 주의하십시오.
낙장, 파본 등 결함이 있는 도서는 구입한 곳에서 교환받을 수 있습니다.

 글쓴이 **그림나무**

그림나무는 2002년 기획자와 작가들이 모여 만든 곳입니다. 그동안 어린이 학습만화와 교양도서를 기획, 제작하는 스튜디오로 활동하며 주로 경제와 수학 분야의 책을 집중적으로 다뤄 왔습니다. 작품으로는 〈판타지 수학대전(전20권)〉 〈한국은행 경제 이야기(전7권)〉 〈열두 살에 부자가 된 키라〉 〈부자가 된 신데렐라 거지가 된 백설공주〉 〈지구를 둥글게 만든 사람들〉 〈Why? 파닉스〉 〈Why? 세계사〉 등이 있습니다. 이번에 소개하는 〈Why? People 워런 버핏〉을 재미있는 만화 글로 바꾸어 주신 분은 김옥선 선생님입니다.

 그린이 **김홍선**

1988년부터 만화가로 활동하기 시작했으며, 어린이들에게 꿈과 희망을 줄 수 있는 만화를 그리기 위해 활발히 활동 중입니다. 아동 과학 잡지 〈과학소년〉에 〈생태 만화 멸종 동물〉을 연재했고, 아동 과학 만화 〈미래 공룡 딜로〉 〈아동 학습 논술 만화〉 〈원더킹〉 〈노벨상 이야기〉 〈Why? 교과서 수학 1학년〉 〈Why? 교과서 수학 5학년〉 등을 그렸습니다.

본받고 배우자! 세상을 바꾼 Power People!

여러분은 어떤 사람이 되고 싶은가요? 소방관, 간호사, 선생님 또는 멋진 축구 선수가 꿈인 친구들도 있겠죠. 하지만 학년이 올라갈수록 공부도 잘하고 돈도 잘 버는 사람이 되기를 원하지 않나요? 그런데 세계 유명 대학의 교수님들은 학생들을 향해 한결같이 '세상을 바꾸는 사람'이 되라고 말씀하십니다. 세상을 밝고 건강하게 바꾸는 일이야말로 가장 멋지고 보람된 일이라는 가르침이지요.

아프리카에 가서 봉사 활동을 하다가 정작 본인은 암에 걸려 돌아가신 이태석 신부님이 바로 이런 경우예요. 이분은 아프리카 남부 수단의 '톤즈'라는 마을에 가서 그곳 사람들을 위해 헌신적으로 봉사하다가 50살도 되기 전에 돌아가셨어요. 그런데 신부님의 소식을 들은 지구촌의 많은 사람이 신부님의 사랑에 감동을 하고 신부님의 뜻을 더 많이 따르게 되었습니다. 신부님을 닮고 싶은 사람이 점점 더 많이 생기면서 나눔과 봉사의 마음이 더욱 커진 것이죠. 덕분에 우리가 사는 세상이 조금 더 따뜻하고 행복하게 바뀌는 중이랍니다.

어린 시절, 닮고 싶은 롤 모델(Role Model)이 있다는 것은 중요합니다. 우연히 읽은 책 한 권이 그 사람의 인생을 결정지을 수도 있는 것처럼 말이죠. 역사를 돌아보면 자신이 맡은 분야에서 세상을 변화시킨 위대한 인물이 많이 있어요. 세상은 이들을 파워 피플(Power People)이라 부르기도 합니다. 우리 삶에 영향을 끼친 인물이란 뜻이죠.

〈Why? People〉 시리즈는 역사와 현재 속에 살아 숨 쉬며, 수많은 이들의 롤 모델이 된 국내외 파워 피플의 일대기를 재미있게 소개합니다. 귀 기울여 들어 보세요. 미래의 내 모습이 거기에 있을 수도 있어요. 그리고 먼 미래에 나는 또 누군가의 롤 모델이 되어 있을 수도 있으니까요!

동국대학교 국어교육학과 교수 윤세웅

등장인물

워런 버핏
탁월한 사업가이자 투자의 귀재. 어려서부터 장사를 하며 돈을 벌었고, 초등학교 때 주식에 흥미를 느껴 공부를 시작한다. 30살에 이미 백만장자가 되었고, 현재 전 세계에서 1, 2위를 다투는 부자가 되었다. 재산의 85%를 기부하여 '오마하의 현인'으로 칭송받고 있다.

찰스 멍거
워런의 사업 파트너이자 평생 친구. 변호사일 때, 워런을 만나 투자에 관한 조언을 하다. 결국 변호사를 그만두고 워런과 함께 버크셔 해서웨이를 세계 최대 투자 회사로 키운다.

수전 톰슨
워런의 아내. 따뜻하고 포용력 있는 성격으로 워런을 도왔다. 일밖에 몰라 일상생활에 어려움이 많은 워런을 잘 보살폈다.

빌 게이츠
세계적인 컴퓨터 프로그램 회사인 마이크로소프트 사의 설립자. 워런과 함께 세계 1, 2위를 다투는 부자이다. 현재는 자선 단체 빌 & 멜린다 게이츠 재단의 이사로 활동하고 있다.

하워드 버핏
워런의 아버지. 주식 중개인을 하다 하원 의원이 되어 정계로 진출한다. 꿋꿋하고 정직한 인물로, 워런의 정신적 지주이다.

차례

⭐ 시대와 인물

1. 내 장난감은 투자 서적 12
2. 꿈을 굴리는 소년 34
3. 우상과의 만남 58
4. 버핏 제국의 시작 80
5. 투자자에서 경영자로 102
6. 오마하의 현인 122
7. 어린 할아버지 워런 146
8. 내면의 점수판 160

⭐ 역지사지 | 라이벌 & 서포터 | 인물 스케치 | 용어 해설 | 교과 연계표

시대와 인물

경제를 발전시키고 개인의 생활을 풍요롭게 만든 자본주의 전성시대

버핏의 시대는 어땠을까?

1945년, 열강들의 제국주의와 식민 통치는 제2차 세계 대전 종결과 함께 막을 내렸다. 이와 함께 전 세계의 국가들이 전쟁의 폐허를 딛고 재건을 꿈꾸며 경제 성장에 박차를 가하면서 전 세계적인 자본주의 전성시대가 열린다. 특히 전쟁이 끝나면서 가장 활기차고 강력하게 떠오른 나라 미국에서 태어난 워런 버핏은 요동치는 자본주의 전성시대에 청년기를 맞게 된다.

하나! 경제적 도약과 더불어 찾아온 풍요의 시대

1956년 미국 펜실베이니아

제2차 세계 대전 이후 세계 경제는 큰 도약의 기회를 얻는다. 식민지들이 독립하고 노예가 해방되어 경제 인구가 비약적으로 늘었으며, 전쟁의 피해를 복구하고 진보된 과학 기술이 적용되는 사회를 구축하기 위해 일자리가 넘쳐 났다. 이른바 풍요의 시대에 접어든 것이다. 자원은 영원히 마르지 않을 것 같았고 기술의 발전으로 생산이 늘어나자 '소비가 미덕'이라는 말이 유행하기 시작했다.

이런 풍요의 시대에 워런 버핏은 수에 대한 비상한 감각을 활용해 돈을 번 인물이다. 버핏은 세상을 '수'로 해석했고, 가격에 대한 감각이 탁월했다. 상품의 가격은 영원불변이 아니다. 대부분 제값으로 책정되어 있지만, 어떤 상품은 너무 비싸게 책정되어 있고, 어떤 상품은 헐값으로 매겨져 있다. 헐값의 상품은 상황이 바뀌거나 돈의 흐름이 변하면 사람들이 그 상품의 가치를 알아본다. 그것을 먼저 알아볼 수 있었던 워런 버핏은 금융 시장과 현물 시장의 돈의 흐름을 읽었고, 미래의 변수를 계산하는 데 뛰어났다.

둘! 기업을 살리는 자본과 기업의 시대

역동적인 풍요의 시대를 거치며 수많은 기업들이 태어났고, 세계 경제는 기업들을 중심으로 움직이기 시작했다. 금융 자본은 기업을 살리기도 하고 죽이기도 한다. 1602년 네덜란드에서 주식회사가 처음 등장한 이래, 주식 시장은 주식을 사고팔며 시세 차익을 얻으려는 사람들의 눈치 싸움과 도박에 가까운 치열한 경쟁이 일어났다. 이런 투기 자본은 기업 경영에 큰 영향을 주어, 튼튼한 회사가 하루아침에 주가가 폭락하기도 하고, 겉만 번지르르하고 속은 텅 빈 회사의 주식 가격이 치솟으며 우량 주식으로 뜨기도 했다. 하지만 가능성이 큰 기업을 미리 알아보고 투자하면, 기업이 성장하면서 고용이 늘어나고, 결국 이익을 남기게 된다. 그리고 이 이익이 다시 투자자에게 돌아가게 된다. 이런 자본주의의 금융 체계가 가진 장점을 가장 효과적으로 활용한 인물이 워런 버핏이다. 버핏은 기업의 미래를 꼼꼼히 따지고 그 주식을 장기 보유하기로 유명했고, 그런 투자 방식이 도박적인 투기자들보다 훨씬 큰 이익을 남겼다.

1980년대 미국의 뉴욕 증권 거래소. 주식 시장의 건전한 투자 자본은 기업이 원활하게 기업 활동을 할 수 있도록 한다.

셋! 자본주의의 결점을 보완하는 나눔의 시대

자본주의의 전성기가 지나 경제 대국들의 경제 성장이 한풀 꺾이기 시작하면서 자본주의의 문제점들이 드러나기 시작했다. 부익부 빈익빈, 분배의 문제, 국가간의 격차, 노령화 등이 그것이다. 이제 자본주의 스스로 보완점을 찾으려고 노력해야 하는 시대가 되었다. 사람들은 이제 성장만을 목표로 달리는 것이 아니라, 사회사업과 복지 정책에 눈을 돌리게 되었다. 즉, '개인의 부'로 '공공의 빈곤'을 해결하기 시작한 것이다. 이런 움직임에 발맞추어 자신이 가진 부를 사회에 환원해 가난에 힘겨운 이들에게 기부하는 움직임이 일어났다. 이 세상을 숫자로 읽으며 자신만의 방정식과 함수 그래프를 그리며 돈을 모아 세계 최고의 갑부가 된 워런 역시 이 일에 앞장섰다.

콜롬비에서 구호 활동중인 버핏 일가

개인의 부를 축적하고 기업의 성장이 최우선이던 시대를 지나 더불어 함께 사는 세상을 추구하면서 기부 문화가 확산되기 시작했다.

내 장난감은 투자 서적

경제 대공황

1929년 10월에 뉴욕 월스트리트의 증권 시장에서 주가가 대 폭락한 데서 시작되었다. 10월 24일 목요일과 10월 29일 화요일에 일어난 대 폭락으로 은행이 파산했고, 많은 실업자가 생겨났으며, 그 여파는 1939년까지 이어졌다. 이를 계기로 세계적 불황이 시작되었다.

*주식 : 용어 해설 참조
*중개 : 제3자로서 두 당사자 사이에 서서 일을 주선함

28 *발행 : 출판물이나 인쇄물을 찍어서 세상에 펴냄

*폐간 : 신문이나 잡지 따위의 간행을 폐지함

이때의 가슴 떨리는 경험 이후 워런은 투자자가 되기로 결심했다.

언젠가,

언젠간 나도 여기서!

워런의 금리 감각은 일상생활 속에서도 자라고 있었다.

눈이다!

오빠, 눈이 왔어!

눈 쌓이면 눈사람 만들어 주기로 했잖아! 빨리 와!

어, 잠깐만 로버타!

하아~

일단 눈 뭉치를 만들어야 돼.

*금리 : 빌려 준 돈이나 예금 따위에 붙는 이자

# 꿈을 굴리는 소년

프랭클린 루스벨트
(1882~1945년)

미국의 제32대 대통령. 대공황으로 침체된 경제를 되살리기 위해 뉴딜 정책을 실시했다. 뉴딜은 정부가 경제와 화폐 공급을 강력하게 간섭하고, 고용을 창출해 노동자를 보호하는 정책이다. 하지만 보수층에게서 사회주의적이라는 비난을 받았다.

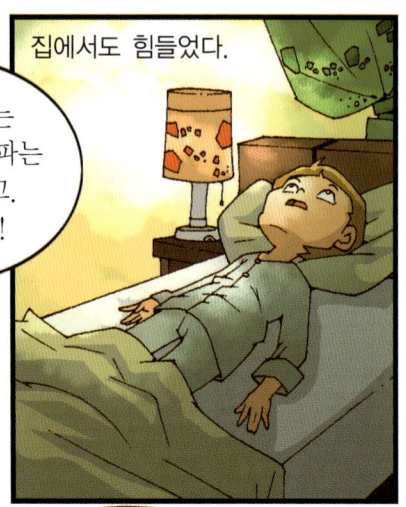

*구독료 : 책이나 신문, 잡지 등을 정기적으로 받아 보기 위해 지급하는 돈
*수금 : 받을 돈을 거두어들임

존경하는 아버지에게서 조용하지만 단호한 꾸지람을 듣고

워런은 큰 충격을 받았다.

1945년 3월. 고등학교에 진학한 워런은 다시 열심히 공부했다.

토론 그룹과 골프팀에도 들어가 특별 활동도 했다. 결국 워런은 3년이 걸리는 고등학교 과정을 2년 6개월 만에 마쳤다.

물론 고등학생 때도 돈을 버는 일은 멈추지 않았다.

*핀볼 : 동전을 넣어 작동시키는 초기의 전자오락 기계 또는 그 게임

똑똑한 두 소년의 사업 아이디어는 끝이 없었다. 중고 롤스로이스를 사서 수리한 뒤 또래 친구들에게 대여하는 일도 했다.

내키진 않지만 다른 대학원을 알아는 봐야지.

앗!

그레이엄? 정말 벤저민 그레이엄이 강의해?

데이비드 도드 교수도!

컬럼비아 경영대학원

사람들은 살면서 모두 크건 작건 좌절의 순간을 경험한다.

중요한 것은 그 경험에서 무엇을 배우고 얻느냐이다.

워런은 하버드 대학원은 가지 못했지만, 다른 기회를 얻었다.

현명한 투자자

이 엄청난 책의 저자들에게 직접 배울 수 있다고?

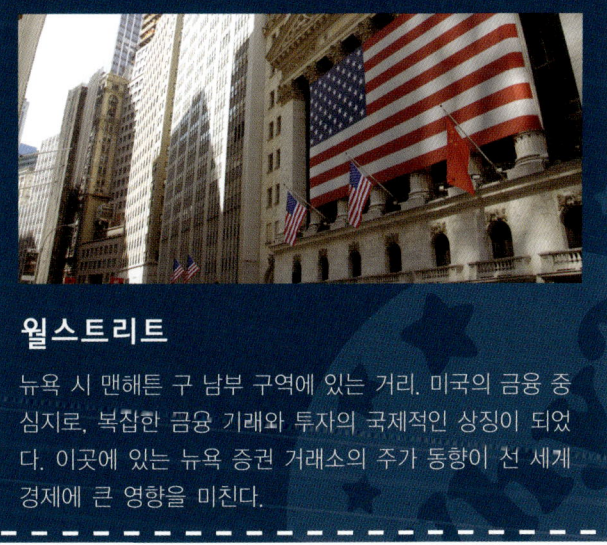

월스트리트

뉴욕 시 맨해튼 구 남부 구역에 있는 거리. 미국의 금융 중심지로, 복잡한 금융 기래와 투자의 국제적인 상징이 되었다. 이곳에 있는 뉴욕 증권 거래소의 주가 동향이 전 세계 경제에 큰 영향을 미친다.

*주주 : 용어 해설 참조
*주주 총회 : 용어 해설 참조

*달변가 : 말을 능숙하고 막힘없이 잘하는 사람

*무디스 : 1909년 존 무디가 설립한 투자 자문 회사. 투자자에게 투자에 대한 정보나 조언을 제공하는 국제적 신용 평가 기관

"뉴욕으로 이사를 가야겠어요!"

"어제 뉴욕에 도착했거든요. 전 오늘부터 일할 수 있습니다!"

그레이엄 뉴먼

"버핏? 출근은 9월부터 하면 되는데 벌써 웬일인가?"

드디어 존경하는 그레이엄과 함께 자신이 가장 좋아하는 일을 하게 된 워런. 워런은 얼마 뒤 회사의 기대주로 자리 잡을 정도로 능력을 발휘했다.

"그레이엄 뉴먼에서 일하는 게 제 꿈이었는데 왜 미루겠습니까?"

버핏 제국의 시작

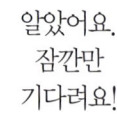

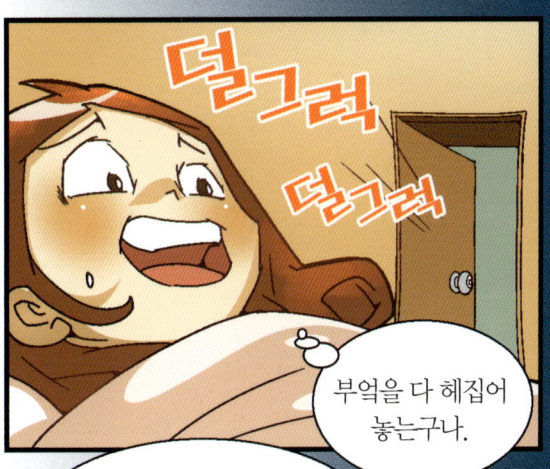

워런은 투자 조합 회사인 '버핏 어소시에이츠'를 설립하고, 이 회사의 첫 번째 공식 회의를 열었다.

저를 믿고 오늘 이 자리에 참석해 주셔서 감사합니다.

저에게 있어 다른 사람의 돈을 맡아서 관리한다는 것은 무한 책임을 진다는 것을 의미합니다.

*조합 : 두 사람 이상이 출자해 공동 사업을 경영하기 위해 결합한 단체

가족과 친구 외에 다른 사람들이 워런에게 자금을 맡기면서 워런은 진정한 자산 운용가, 즉 투자자가 되었다.

투자금이 점점 늘어나면서 워런은 버핏 어소시에이츠와는 별도로 '버핏 파트너십'을 설립, 운영하게 되었다.

파트너십도 벌써 여섯 개로 늘어났어! 일이 엄청나게 많아.

소득세 신고, 우편물 발송, 배당금 지급, 주식 증권 관리, 계좌 관리 등 모든 일을 워런은 혼자 처리했다.

바쁘다, 바빠!

언제까지 집에서 혼자 일을 할 수 있을지 모르겠어.

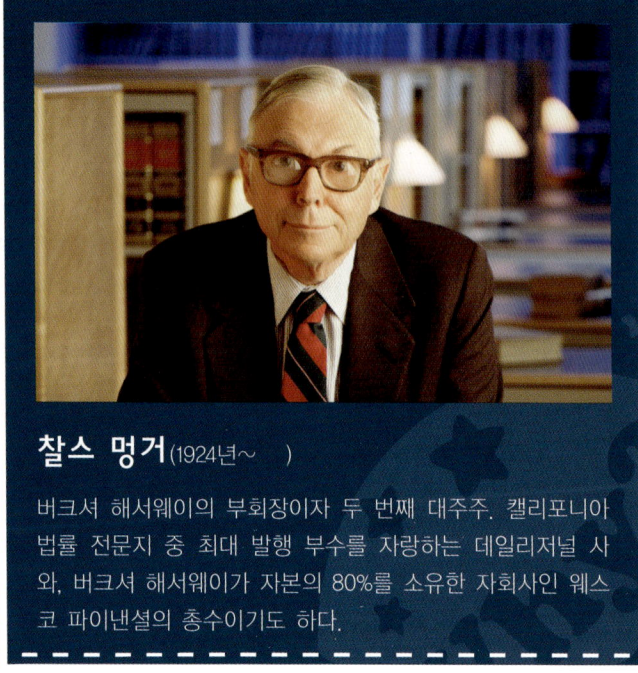

*다우 지수 : 용어 해설 참조

98 *아메리칸 익스프레스 : 1850년 미국에서 설립된 속달 운송 회사. 현재는 여행 관련업, 보험 서비스, 국제 자금 운용 및 은행 업무를 수행하는 전 세계적인 그룹

워런은 무모할 정도로 편중된 결정을 내렸다. 평소 신중하던 워런이 이렇게 불안해 보였던 이유는 아버지 하워드의 병이 깊었기 때문이다.

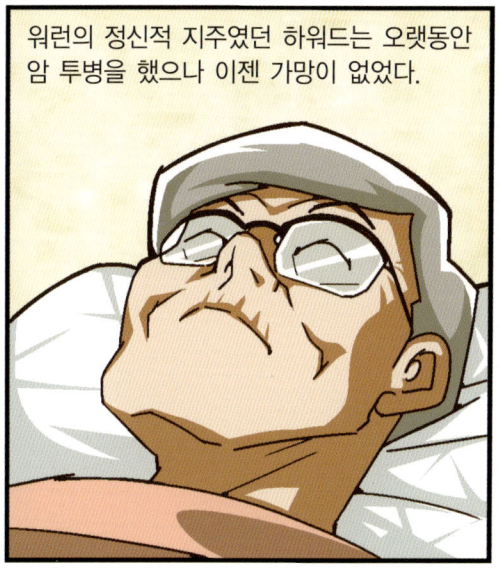
워런의 정신적 지주였던 하워드는 오랫동안 암 투병을 했으나 이젠 가망이 없었다.

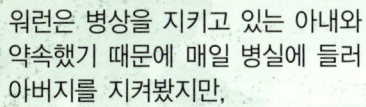
워런은 병상을 지키고 있는 아내와 약속했기 때문에 매일 병실에 들러 아버지를 지켜봤지만,

마지막 며칠 동안은 차마 갈 수도 없었다.

일할 때만 한없는 절망과 슬픔을 잠시라도 잊을 수 있었다.

아메리칸 익스프레스 주식 또 나온 건 없어?

하워드는 결국 세상을 떠났다. 장례식 때도 워런은 침묵을 지켰다.

그리고 한동안 집에서 나오지 않았다.

며칠 만에 사무실에 출근한 워런은 또다시 무서운 속도로 아메리칸 익스프레스의 주식을 사들였다.

더 사라고! 더 사!

여보, 이러다 당신도 병나요. 아버님은 이제 천국에서 편히 쉬실 거예요.

투자자에서 경영자로

그레이엄의 투자 방식이 먹히던 시대는 끝났어요.

뭐라고요?

워런과 멍거는 서로 떨어져 있었지만, 수시로 통화를 하며 돈독한 사이로 지냈다.

그레이엄이 투자하던 시기에는 주식 가격이 터무니없이 낮았지만, 지금은 달라지고 있어요.

값싼 주식만 찾아다니는 방법에서 탈피해야 할 때죠.

일부분은 맞는 말이지만 왠지 신성 모독의 기분이…

그렇지만 값비싼 주식을 사면 수익률을 올리는 데 한계가 있어요.

투자자의 이득은… 그레이엄은… 그레이엄이…

워런은 버크셔를 잘 아는 켄 체이스를 만났다.

저는 지금까지 버크셔를 맡길 적임자를 찾고 있었어요.

켄, 나는 당신이 버크셔 해서웨이의 사장이 되어 주셨으면 합니다. 어떻게 생각하십니까?

워런은 향후 계획을 발표했다.

회사를 인수한 다음 조각조각 내서 팔아 치우려는 게 아닙니다.

버크셔 해서웨이는 예전과 다름없이 운영될 것이며, 공장이 문 닫을 일도 없을 겁니다.

근로자 여러분들도 여전히 버크셔 해서웨이에서 일하게 될 겁니다.

1965년 5월 10일 열린 이사회에서 워런은 이사회 회장으로 선출되었고, 켄 체이스는 사장으로 임명되었다.

휴, 체이스 덕분에 짐을 덜었군.

*오일 쇼크 : 용어 해설 참조

워터게이트 사건

1972년의 미국 대통령 선거전에서 닉슨 대통령의 공화당 행정부의 불법 활동이 폭로되어 발생한 정치 스캔들. 닉슨 대통령의 재선을 위해 비밀 공작반이 워싱턴의 워터게이트 빌딩에 있는 민주당 본부에 불법적으로 도청 장치를 설치하려다 발각, 체포된 사건이다. 이 사건으로 닉슨 정권의 부정과 탈세들이 드러나 1974년 닉슨은 미국 역사상 최초로 임기 도중 사임하는 대통령이 되었다.

수사 결과를 발표하는 검사

이 시기에 워런도 자기의 순 자산의 반을 잃게 되었다.

미리 투자 조합을 해산해서 정말 다행이에요.

조합원들에게 손해를 끼치는 일은 피했으니까요.

위기는 기회라는 것을 알고 있는 워런은 '워싱턴 포스트'의 주식을 사들였다.

워터게이트 사건을 파헤치고 있는 워싱턴 포스트 주식을 산다고요?

버크셔가 '오마하 선' 신문을 사들인 게 시작이었어요. 전 전국 신문의 발행인이 되고 싶거든요.

그리고 워싱턴 포스트가 지금 정부의 공격을 받고 있어서 싸잖아요.

*워싱턴 포스트 : 1877년 12월 민주당계 기관지로 창간된, 미국 워싱턴에서 발간되는 조간 신문

1977년, 워런이 가정으로 돌아오길 기다리던 수전은 결국 그 기대를 포기하고 워런의 곁을 떠나 샌프란시스코로 갔다.

실제로 워런과 수전은 끝까지 이혼은 하지 않았다. 여행이나 가족 행사에도 함께 참여했고, 버크셔 해서웨이 이사회의 이사로 주주 총회에도 나란히 참석하는 등 좋은 관계를 유지했다.

1993년에는 재산이 더욱 늘어나

버핏 씨, 여기 좀 봐 주세요!

소감이 어떻습니까?

워런 버핏은 〈포브스〉 선정 세계 최고의 부자가 되었다. 그의 재산은 무려 85억 달러에 이르렀다.

찰칵
찰칵
찰칵

버크셔의 주주들에게 한 번도 손실을 입히지 않았던 워런의 찬란한 기록은 2001년 깨졌다.

긴급 속보입니다!

방금 전 8시 45분, 아메리칸 항공 비행기가 뉴욕의 세계 무역 센터 건물에 충돌했습니다!

2001년 9월 11일. 오전 8시 45분부터 10시 30분 사이에 미국 뉴욕의 110층짜리 쌍둥이 빌딩 세계 무역 센터 건물과, 워싱턴의 국방부 펜타곤 건물이 테러를 당했다. 납치된 항공기가 빌딩으로 돌진해 순식간에 빌딩이 무너져 버렸다.

미국은 물론 전 세계가 경악한 이 사건으로 2,800~3,500여 명의 사람들이 생명을 잃고,

미국에 대한 명백한 테러 공격입니다.

국가 비상사태입니다. 금융 시장은 일시적으로 폐장합니다.

미국은 화폐 가치로 환산하기 어려울 정도로 경제적 피해를 입었다. 주식 시장도 폭락했다.

저는 단 한 주의 주식도 팔지 않을 것입니다. 또한 주가가 심하게 떨어지면 매수에 나설 것입니다.

워런은 이 충격적인 사건으로 큰 영향을 받을 미국 경제의 손실을 막아야 한다고 생각했다.

일주일 전에 우량주라고 생각해 매수했던 미국 기업의 주식을 내일 주식 시장이 재개됐을 때 매도한다면 미친 짓이 될 것입니다.

오마하의 현인

첫째인 수지는 임신을 해서 집을 개축해야 했다.

아빠, 정말 딱 한 번만 돈 좀 빌려 주세요.

돈을 빌리려면 은행에 가야지?

나는 우리 관계가 끝까지 깔끔했으면 한다. 일단 돈이 개입되면 그러기 힘들어.

셋째인 피터는 밀워키로 거처를 옮길 때 돈이 필요했다.

처음이자 마지막이에요. 돈을 빌려 주시면 이자까지 갚을게요.

아버지는 원칙에 입각해서 우리에게 돈을 주시지 않는 거야. 가르침을 주시려고.

충분히 많이 배운 것 같아서 이제 그만 좀 하셨음 해. 솔직히 섭섭한 마음도 생긴다고.

뭐, 덕분에 은행과 관련된 일을 훨씬 더 많이 배울 수 있긴 했어.

섭섭당

별성

아빠가 벌어들인 돈을 어떻게 사용하는지 한번 보시죠.

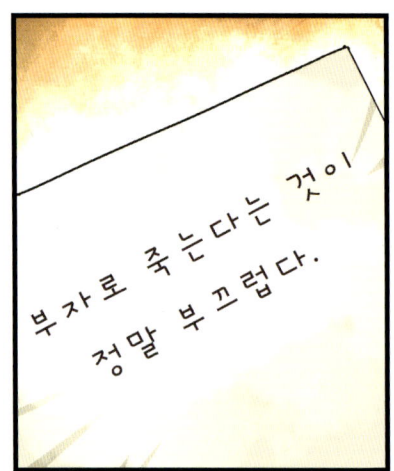

앤드루 카네기 (1835~1919년)

영국 스코틀랜드 출신의 미국 실업가. 미국의 제강업계를 지배해 '철강왕'이라는 별명을 얻었다. 자신의 일생을 전기, 후기로 나누어 전기는 부를 축적하고 후기는 축적한 부를 사회 복지를 위해 투자해야 한다는 신념을 지니고 있었으며 이를 실천한 인물이다. 은퇴한 뒤 카네기 재단을 세워 거의 모든 재산을 문화·자선 사업에 사용했다.

*브리지 : 카드 게임의 일종
*아시아 소사이어티 : 미국의 사업가이자 자선가인 록펠러 3세가 1956년 설립한 비영리·비정치 재단

빌 같은 젊은이들이 이룩한 컴퓨터 혁명은 정말 대단해!
탁 탁 탁

1993년, 수전과 중국으로 여행을 갔던 워런은 그 여행으로 많은 생각을 하게 되었다.
두둥

중국에서 만난 아시아 소사이어티 회장 때문도 아니었고,
현대 중국은 말입니다.

거대하고 아름다운 중국의 풍광 때문도 아니었다.

뱃사공을 하던 한 젊은이의 운명에 대한 생각 때문이다.

여기 뱃사공 중에는 빌 게이츠가 될 수도 있는 젊은이도 있을 텐데…

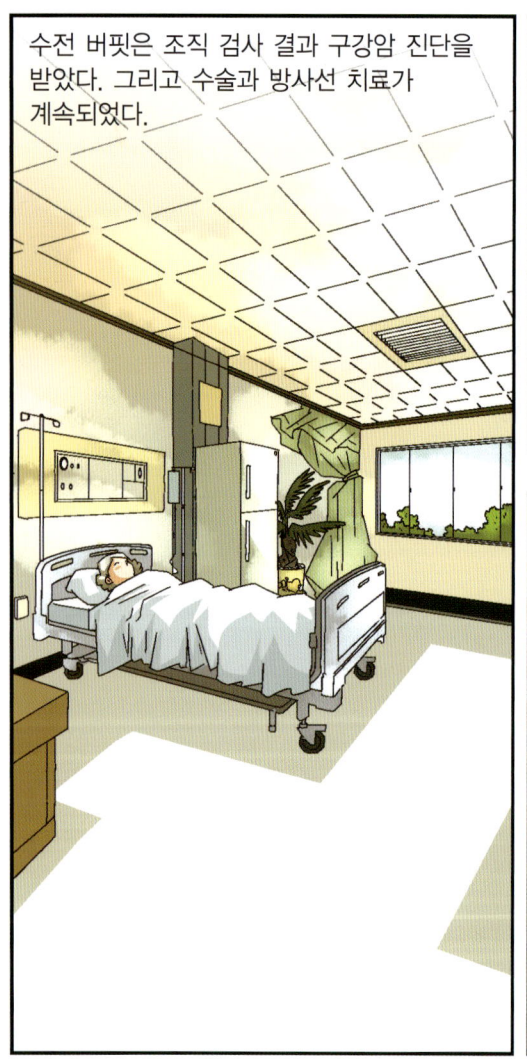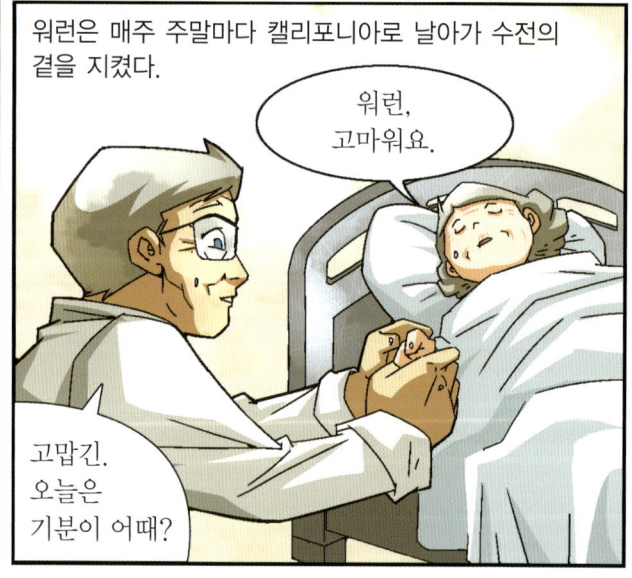

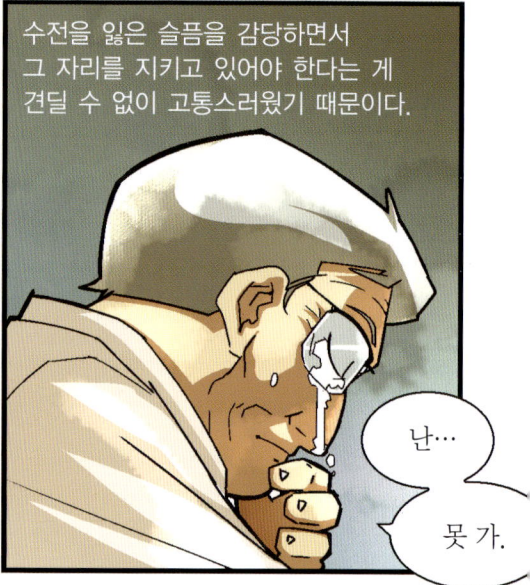

현명한 가치 투자로 투자의 살아 있는 전설, 20세기 가장 위대한 투자자로 불리는 워런 버핏은 언제부터인가 '오마하의 전설' 또는 '오마하의 현인'이라고 불렸다. 이제 사람들은 워런이 기부를 발표한 그 시간을 워런 버핏의 '최상의 시간'이라고 이름 붙였다.

*감세 : 세금의 액수를 줄이거나 세율을 낮춤

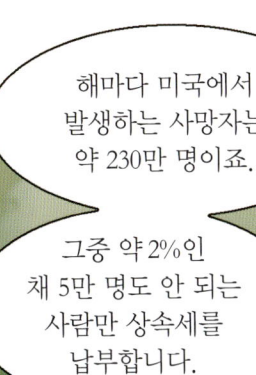

2008년 11월, 미국은 민주당의 오바마 후보가 대통령에 당선되었다. 그리고 〈뉴욕 타임스〉 칼럼에는 '버핏 효과'라는 말이 등장했다. 버핏의 주장에 공감한 백인 보수주의자들이 골프장 등에선 공화당 후보를 찍는다고 말해 놓고, 투표장에선 조용히 오바마에게 투표한 현상을 말한다.

버핏이 말하는 게 맞아.

하하! 당연히 공화당 후보를 찍어야죠.

오바마 정부가 탄생하면 본인들이 세금을 더 내야 한다는 것을 알면서도 말이다.

부자에게는 증세를 해야 해요!

맞아요!

2011년 8월, 전 세계적인 경제 불황 속에서 워런은 부자 증세를 다시 한 번 크게 외쳤다.

나 같은 부자들에게 세금을 더 걷어서 정부의 재정 적자를 메워야 합니다.

*증세 : 세금의 액수를 늘리거나 세율을 높임

*노블레스 오블리주 : 용어 해설 참조

7

어린 할아버지 워런

검소하기로 소문난 워런이 유일하게 사치를 부린 건 전용 비행기였다.

"전용기를 사야 할 것 같아요. 자주 이동하는데 효율적으로 다니려면…."

"사치입니다."

"국내에서 단거리 이동도 많고, 장거리 이동도 자주 하고, 1년에 거의 대부분을 돌아 다니기 때문에…."

"사람들도 몇 년 전부터 권하고 있고…."

"완전히 사치입니다."

하지만 1986년, 결국 버크셔에서 쓸 회사용 비행기를 한 대 구매했다.

"아~ 너무 좋아."

"창피하긴 하지만 정말 좋아."

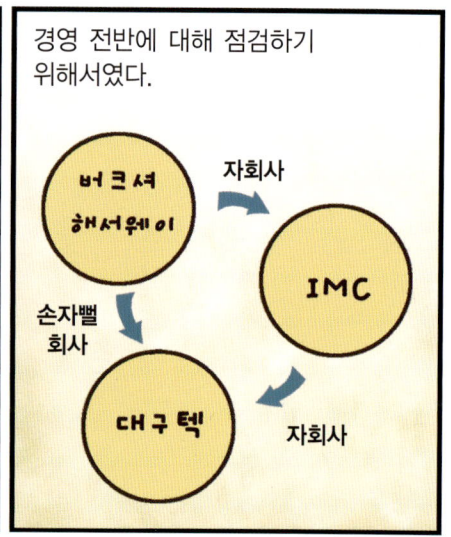

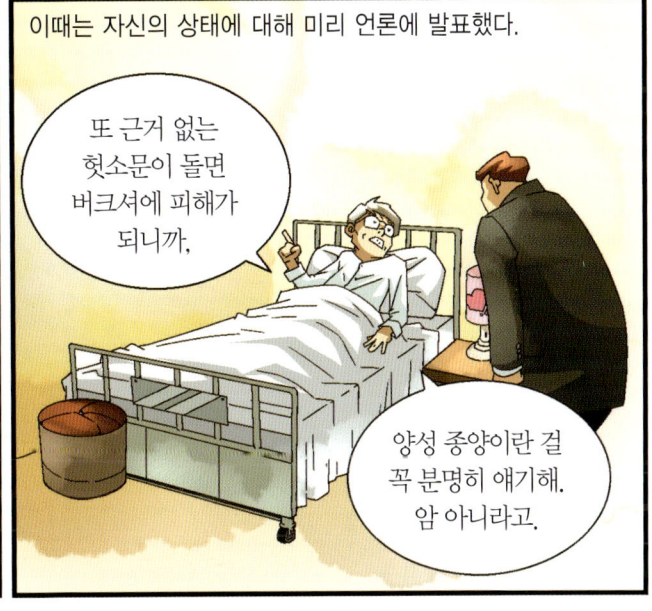

*이디시 어 : 고지 독일어에 히브리 어, 슬라브 어 따위가 섞여서 된 언어

내면의 점수판

워런은 매년 두 개의 행사를 개최한다. 하나는 버핏 어소시에이츠를 만들었을 때부터 하던 투자자들에게 1년에 한 번씩 연례 보고서를 쓰는 일이고,

나머지 하나는 5월 첫째 주에 열리는 버크셔 해서웨이의 정기 주주 총회이다.

처음에는 몇십 명이 모이던 주주 총회는 이제 3, 4만 명이 넘게 모이는 큰 행사가 되었다. 미국은 물론 세계 곳곳에서 주주들이 오고, 관광객들까지 모인다.

난 5시부터 줄을 섰어요.

주주 총회에서 맨 앞줄에 앉고 싶어서.

주주 총회에서 가장 인기 있는 시간은 워런과 멍거가 주주들의 질문에 대답해 주는 때였다.

질문 있습니다!

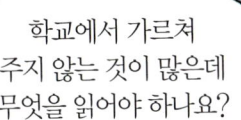

워런은 1958년에 처음으로 산 집에서 계속 살고 있다.

사람들은 워런 버핏을 다양한 이름으로 부른다. 투자의 귀재, 세계 최고의 부자, 주식 투자로 부자가 된 사람, 자기 재산을 거의 모두 기부한 사람….

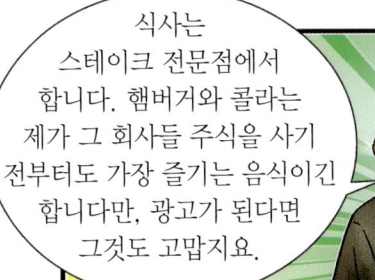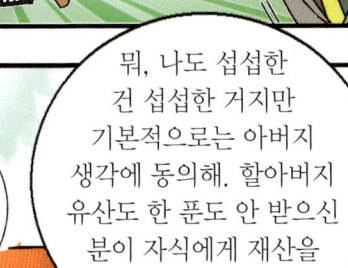

저는 운이 좋고

성공한 행복한 사람입니다.

2006년, 1주당 가격이 10만 달러를 돌파한 최초의 회사로 기록된 버크셔 해서웨이는 여러 번 오르내림을 겪으면서도 건재하다.

굳이 증권 거래소에 가지 않아도 인터넷 모니터에 금융 시장이 존재하는 요즘.

워런 버핏이 스승인 벤저민 그레이엄의 나침반을 따랐듯이, 수많은 사람들이 워런 버핏의 나침반을 따를 것이다.

그의 투자, 기부, 그의 이상과 생활을…

아빠! 그만 들어오세요.

뭉칠 수 있는 눈과 긴 언덕만 있으면 된다는 워런 버핏의 눈덩이 굴리기는 아직도 끝나지 않았다. 워런 버핏은 2012년 〈타임〉 선정 세계에서 가장 영향력 있는 100인에 올랐다.

 **역지사지** 나만의 해결법이 필요한 순간! 이럴 때 나는 어떻게 할까?

"워런, 대학엔 안 갈 셈이냐?"

"저는 원하는 일을 찾았고, 지금도 그 일을 잘할 수 있어요. 굳이 대학에 갈 필요가…."

"대학은 학문을 체계적으로 익혀서 전문가가 되도록 해 주는 곳이야. 또 공부하고 나면 세상을 보는 눈이 달라질 거야."

입장 바꿔 생각해 보자!

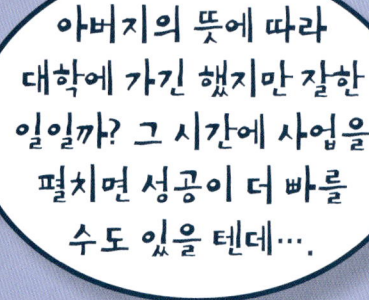

"아버지의 뜻에 따라 대학에 가긴 했지만 잘한 일일까? 그 시간에 사업을 펼치면 성공이 더 빠를 수도 있을 텐데…."

워런은 고등학교를 졸업할 무렵 이미 **하고 싶은 일**을 찾았고, 그 일을 잘할 수 있다는 **자신감**이 있었기 때문에 대학교에 진학할 뜻이 없었어요. 하지만 **아버지의 뜻**은 달랐어요. 결국 워런은 아버지의 뜻에 따라 **대학교에 진학**하게 되었답니다. 과연 아버지의 뜻에 따라 대학교에 진학한 **워런의 결정**은 잘한 것이었을까요?

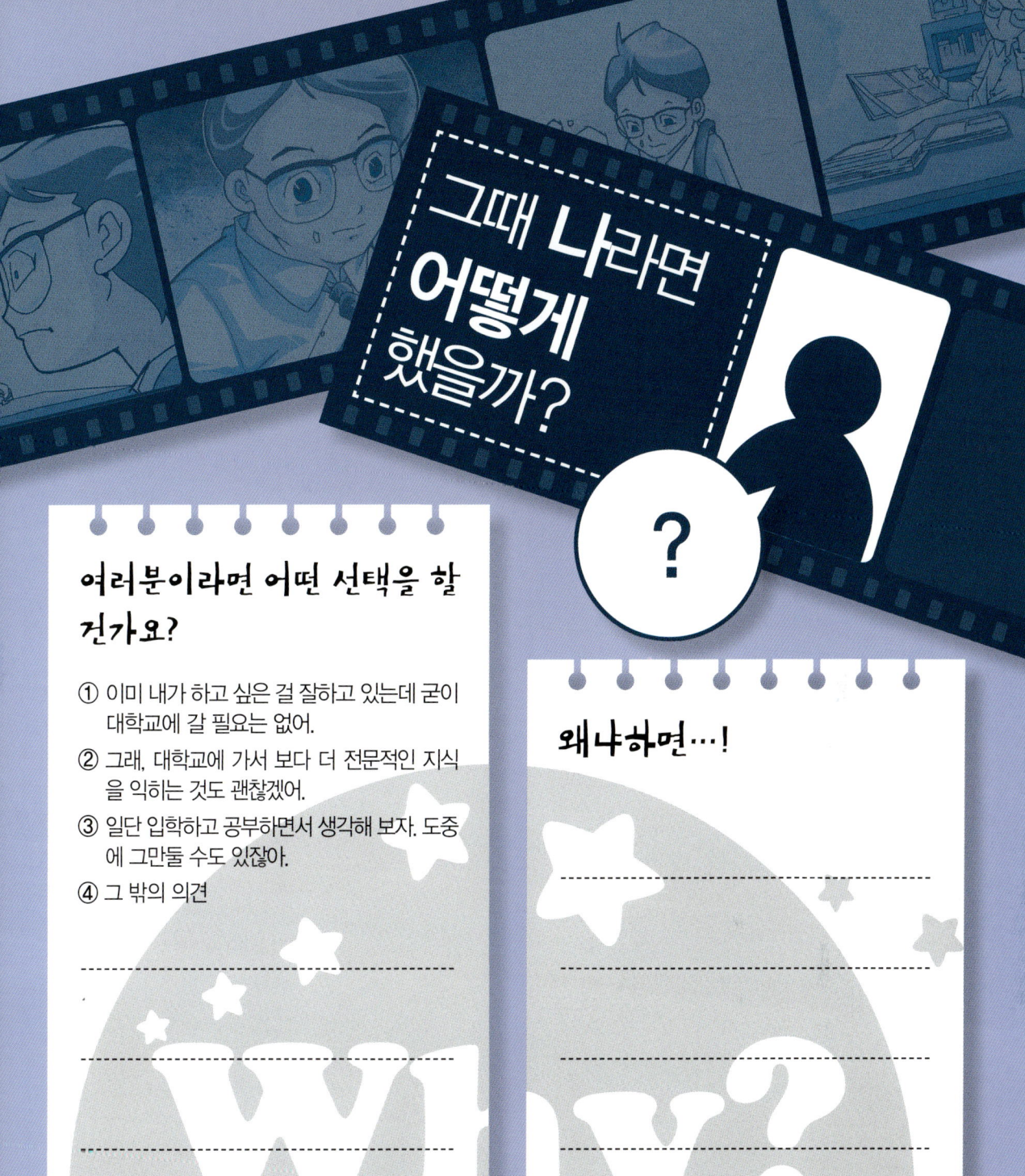

그때 나라면 어떻게 했을까?

여러분이라면 어떤 선택을 할 건가요?

① 이미 내가 하고 싶은 걸 잘하고 있는데 굳이 대학교에 갈 필요는 없어.
② 그래, 대학교에 가서 보다 더 전문적인 지식을 익히는 것도 괜찮겠어.
③ 일단 입학하고 공부하면서 생각해 보자. 도중에 그만둘 수도 있잖아.
④ 그 밖의 의견

왜냐하면…!

라이벌 & 서포터

벤저민 그레이엄 (1884~1976년)

영국 출신으로 현대 주식 투자 이론의 아버지이자 가치 투자의 개념을 세운 금융 사상가이자 철학자이다. 1914년 컬럼비아 대학을 졸업할 당시 세 학과에서 교수직을 제의받았으나 거절한 뒤 증권 분석가로 활동하며 당시 투기 개념이던 주식 시장을 투자의 장으로 바꾸는 역할을 했다. 공개된 기업의 재무 재표 등 자료를 검토해 '기업 고유의 가치에 비해 저평가된 주식'을 매입한 뒤 가치가 실현될 때 매도해 이익을 추구하는 '가치 투자'의 선구자였다. 저서로 〈증권 분석〉 〈현명한 투자자〉 등이 있다.

투기의 장을 투자의 장으로 바꾼 금융 사상가

워런 버핏은 대학 시절 그레이엄의 저서를 탐독하고, 컬럼비아대 경영 대학원에서 투자론을 강의하던 그레이엄의 수업을 들으며 경제 전반에 대해 튼튼한 기초를 쌓았다. 버핏은 그레이엄의 저서 〈가치 투자〉를 다 읽었을 때 세상을 보는 눈을 새로 얻은 듯했다고 공공연히 말하곤 했다. 또한 그레이엄이 아버지 다음으로 삶과 사업을 꾸려 나갈 때 많은 영향을 주었다고 했다. 현재 그레이엄은 세계적인 경제 전문지 〈월스트리트 저널〉 및 각종 금융 관련 서적에서 워런 버핏, 피터 린치, 조지 소로스와 함께 '시대를 초월한 가장 위대한 투자자' 명단에 올라 있다.

빌 게이츠(1955년~   )

개인용 컴퓨터의 운영 체제인 '윈도'를 개발, 세계 컴퓨터 시장의 주도권을 장악한 마이크로소프트를 설립했다. 미국 워싱턴 주 시애틀에서 태어난 빌 게이츠는 어린 시절 레이크사이드스쿨에서 초창기 컴퓨터를 접하고, 마이크로소프트의 공동 창업자인 '폴 앨런'과도 이때 만났다. 하버드 대학교에 입학했지만 결국 대학을 중퇴하고 1975년 폴과 함께 마이크로소프트를 설립했다. 2008년 마이크로소프트에서 은퇴한 뒤 자신과 아내의 이름을 딴 자선 단체 '빌 & 멜린다 게이츠 재단'을 설립·운영하고 있다.

같은 가치관과 같은 이상을 나누는 친구

'세계에서 가장 부유한 사람'이며 '세계에서 가장 기부를 많이 하는 사람'인 워런 버핏과 빌 게이츠는 많은 나이 차에도 불구하고 깊은 우정을 나누고 있다. 두 사람은 기업의 목적을 이윤 추구에만 두지 않는다. 두 사람은 기업 활동으로 얻은 수익을 일정 부분 사회에 환원해야 한다는 창조적 자본주의의 형태를 주장한다. 사회 덕분에 얻은 재산을 사회에 환원할 책임이 있다고 생각해 더불어 사는 삶에 우선순위를 두고 있는 것이다. 워런 버핏은 빌 게이츠의 사업적 재능과 자선 사업에 대한 열정, 에너지, 사고 방식들을 높이 평가하며 '나의 세 번째 아들같이 생각된다.'고 말하곤 한다.

인물 스케치

워런 버핏(1930년~   )

미국 네브래스카 주 오마하에서 태어났으며, 20세기 가장 성공한 투자자로 인정받는 미국의 사업가이자 자선 사업가. '오마하의 현인'이라고 불리는 버핏은 1951년 컬럼비아 대학교 경영 대학원에서 벤저민 그레이엄 밑에서 공부했다. 1956년 오마하에서 투자 조합인 '버핏 어소시에이츠'를 설립했고, 1965년 섬유 제조사인 버크셔 해서웨이를 인수해 투자 지주 회사로 바꾸었다. 2006년 6월, 자기 재산 370억 달러를 자선 단체에 기부했다. 2011년 미국 대통령으로부터 자유 메달을 수상했고, 2012년에는 〈타임〉에서 세계에서 가장 영향력 있는 100인에 선정되었다.

1. 오마하에 있는 워런 버핏의 자택 | 2. 워런 버핏과 아내 수전 버핏 | 3. 버크셔 해서웨이의 정기 주주 총회 | 4. 버크셔 해서웨이 사옥 | 5. 콜롬비아에서 구호 활동을 벌이는 워런 버핏의 큰아들 하워드 버핏

"돈을 많이 벌어 줄 것 같은 일을 하지 말고 자신이 좋아하는 일을 하라."
"가장 행복한 사람은 모든 것을 최고로 좋은 것만 갖는 사람이 아니라, 스스로 노력하여 얻은 것을 감사하게 생각하는 사람이다."

워런 버핏

1930	미국 네브래스카 주 오마하 출생
1941	생애 첫 주식 투자
1944	수입에 대한 첫 세금 납부
1947	펜실베이니아 대학교 와튼스쿨 입학
1949	네브래스카 대학으로 편입
1950	컬럼비아 경영 대학원 입학
1951	컬럼비아 경영 대학원 졸업
1952	수전 톰슨과 결혼
1954	벤저민 그레이엄의 투자 회사 그레이엄 뉴먼 입사
1956	투자 조합 버핏 어소시에이츠 설립
1965	버크셔 해서웨이 인수
1967	버크셔 해서웨이, 보험 관련 사업 진출
1969	투자 조합 해체
1973	워싱턴 포스트 주식 매입
1977	수전 버핏과 별거
1979	〈포브스〉 선정 세계 400대 부자
1985	버크셔 해서웨이, 섬유 제조업 정리 후 투자 지주 회사로 전업
1993	〈포브스〉 선정 세계 부자 명단 1위
2001	9·11 테러로 버크셔 해서웨이 손실 발생
2004	수전 버핏 세상을 떠남
2006	역사상 가장 큰 규모의 기부 실천
2007	10월, 대구텍 방문
2010	버크셔 해서웨이가 미국인들이 가장 존경하는 회사로 꼽힘
2011	미국 대통령으로부터 자유 메달 수상
2012	〈타임〉 선정 세계에서 가장 영향력 있는 100인

가로 세로 낱말 퍼즐

가로 열쇠

1. 어떠한 임무나 일에 알맞은 사람.
2. 다시 씻기 어려운 불명예스럽고 욕된 판정이나 평판을 이르는 말.
3. 남과 사귀기를 좋아하거나 쉽게 사귀는 성질.
4. 어떤 분야에 상당한 지식과 경험을 가지고 오직 그 분야만 연구하거나 맡음. 또는 그 분야.
5. 어떤 방면으로 활동 범위나 세력을 넓혀 나아감. 해외 ○○.
6. 까마귀 날자 배 떨어진다는 뜻으로, 아무 관계도 없이 한 일이 공교롭게도 때가 같아 억울하게 의심을 받거나 난처한 위치에 서게 됨을 이르는 말.
7. 어떤 어려운 일이라도 해내려는 굳센 기상이나 정신.

세로 열쇠

1. 일정한 조건이나 환경에 맞추어 응하거나 알맞게 됨.
2. 종교적·도덕적 동기에 기반을 두고 고아, 병자, 노약자, 빈민 등을 구제할 목적으로 이루어지는 사회사업.
3. 인간으로서 당연히 가지는 기본적 권리.
4. 시장에서 거래되는 가격과 회사 가치 사이의 차이.
5. 중요한 직위에 있는 사람에게 직접적으로 소속되어 업무를 지원해 주는 사람.
6. 임박하여 급히 서둘러 일을 하는 방식.

가로 세로 낱말 퍼즐 정답

적	임	자			낙	인
응		선				권
		사	교	성		
안		업				벼
전	문		오	비	이	락
마				서		치
진	출				패	기

"다른 사람보다
똑똑할 필요는 없다.
다만 그들보다 절제할 줄
알아야 한다."

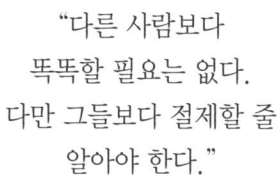

 용어 해설

주식	회사를 경영하기 위해 드는 비용을 '자본금'이라 하는데, 주식회사가 자본금을 늘리기 위해 발행하는 증권을 '주식'이라 한다. 주식을 구입한 여러 투자자들은 회사의 가치를 나누어 가진 것이다.
복리	은행이나 금융 기관 등에 맡긴 원금에는 이자가 생긴다. 이렇게 발생한 이자를 원금에 합하여 또다시 이자를 낳게 하는 방법을 복리라고 한다.
주주	주식을 가지고 있는 실질적인 기업의 소유자. 개인이 주식을 소유하는 개인 주주, 금융 기관이나 단체 등이 소유하는 법인(기관) 주주 등으로 나뉜다.
주주 총회	주식회사의 최고 기관으로, 주주들이 모여서 회사의 의사를 결정하는 회의를 말한다. 주로 계산 서류의 승인, 이익 배당에 관한 결의 등이 이뤄진다.
다우 지수	1884년부터 미국의 다우존스 회사가 발표하는 주가 평균 지수. 공업 주 30종목 평균, 철도 주 20종목 평균, 공익사업 주 15종목의 평균과 65종목 종합 주가 평균이 있다.
적대적 인수 합병	두 개 이상의 기업이 하나로 통합되어 단일 기업이 되는 것을 합병(Merger), 특정 기업이 다른 기업의 주식이나 자산을 취득해 경영권을 획득하는 것을 인수(Acquiring)라고 한다. M&A는 두 가지가 결합된 개념이며, 상대 기업의 동의 없이 강행하는 기업의 인수와 합병을 적대적 인수 합병이라 한다.
이사회	주식 회사의 필요 상설 기관으로 전원이 이사로 구성된다. 정기 또는 임시 회의를 통해 활동하며, 회사의 업무 집행에 관한 모든 의사 결정을 할 권한이 있다. *주주 총회의 소집 *업무 집행의 감독 *경영자의 선임과 해임 *대표 이사의 선임과 공동 대표의 결정 *주식 발행의 결정 등
오일 쇼크	아랍 석유 수출국 기구(OAPEC)와 석유 수출국 기구(OPEC)가 원유 가격을 인상하고 생산을 제한함으로써 생긴 세계적인 경제 혼란. 2차 오일 쇼크는 1978년 일어났다.
노블레스 오블리주	프랑스 어로 '귀족성은 의무를 갖는다'는 뜻이다. 보통 부와 명성, 권력에는 사회에 대한 책임도 함께 따른다는 의미로 쓰인다. 사회 지도층에게 국민으로서의 의무를 모범적으로 실천하라는 높은 도덕성을 요구하는 단어이기도 하다.

 교과 연계표

Why? People 워런 버핏	도덕 5학년 1학기 : 최선을 다하는 삶 　　　　　　　　　이웃과 더불어 사회 4학년 2학기 : 생산 활동과 직업의 세계 사회 6학년 2학기 : 세계화와 우리 생활

Photo CREDITS

표지 뉴욕 증권 거래소 ⓒArnoldius, 월가 표지판 ⓒAgamitsudo / 7p 1980년대 뉴욕 증권 거래소 ⓒLibrary of Congress / 63p 월스트리트 ⓒRoland Weber / 173p 빌 게이츠 ⓒMasaru Kamikura / 174p 워런 버핏 자택 ⓒTEDizen-1, 버크셔 해서웨이 사옥 ⓒJon-Clee86 / 그 외 연합뉴스, AP통신, 뉴욕타임스, 토픽이미지, 예림당